www.ingramcontent.com/pod-product-compliance
Ingram Content Group UK Ltd.
Pitfield, Milton Keynes, MK11 3LW, UK
UKHW022234230426
12048UKWH00018BA/1257

9 789948 749417

الْخِنْجَرُ الْمَرْهُونُ

صورة الغلاف :

صورة الخنجر الذهبي المرهون .

الْخِنْجَرُ الْمَرْهُونُ

الدكتور سُلطان بن محمد القاسمي

منشورات القاسمي
AL QASIMI PUBLICATIONS

العنوان: الخنجر المرهون
المؤلف: الدكتور سلطان بن محمد القاسمي
الناشر: منشورات القاسمي، الشارقة، الإمارات العربية المتحدة

سنة الطبع: 1445هـ - 2024م

© حقوق الطبع والنشر محفوظة

الفهرسة الوصفية أثناء النشر: مكتبة الشارقة، إدارة المكتبات، هيئة الشارقة للكتاب، الشارقة، الإمارات العربية المتحدة

923.15353 ق. س. خ
القاسمي، سلطان بن محمد بن صقر، حاكم الشارقة، 1939- الخنجر المرهون / سلطان بن محمد القاسمي .- الشارقة، الإمارات العربية المتحدة : منشورات القاسمي، 2024.
42 ص. 19 x 13 سم.
ردمك : 0-00-000-9948-978
1- الشارقة (الإمارات العربية المتحدة) - الملوك والحكام   2- القاسمي، سلطان بن محمد بن صقر، حاكم الشارقة، 1939- مذكرات   3- القاسمي، سلطان بن محمد بن صقر، حاكم الشارقة، 1939- الكتب والقراءة   4- المكتبات الخاصة   أ - العنوان

الترقيم الدولي : 978-9948-749-41-7

*

إذن طباعة رقم: MC-03-01-3333211، بتاريخ 2024/5/22م،
مجلس الإمارات للإعلام، الإمارات العربية المتحدة
الطباعة : AL Bony Printing Press– Sharjah, UAE
الفئة العمرية : E

*

التوزيع: منشورات القاسمي
ص.ب: 64009 الشارقة الإمارات العربية المتحدة
هاتف : 0097165090000، براق: 0097165520070،
البريد الإلكتروني : info@aqp.ae

الْخِنْجَرُ الْمَرْهُونُ

سلطان بن محمد القاسمي عام ١٩٥٣م

المقدمة

أحببت الكتاب من حبّي لعمي الشيخ سلطان بن صقر القاسمي ، حيث كثيراً ما كنت أشاهده يقرأ الكتب ، وأنظر إلى وجهه فأجده يظهر تعابير كثيرة ، وهو سارح في عوالم المعرفة ، فأقلده دون أن أفهم ما في الكتاب ، لذلك أسرعت لتعلم القراءة والكتابة ، وأخذت أتدرب على القراءة حتى أجدتها ، وكنت أحلم أن تكون لي مكتبة مثل مكتبة

عمي الشيخ سلطان بن صقر القاسمي ، وأخيراً كانت لي تلك المكتبة .

المؤلف

كان عمي المرحوم الشيخ سلطان بن صقر القاسمي ، حاكم الشارقة ، له مكتبة خاصة في حصن الشارقة ، وأخرى في البيت الغربي .

كان والدي الشيخ محمد بن صقر القاسمي دائماً يأخذني معه عند زياراته الخاصة لشقيقه ، الشيخ سلطان بن صقر القاسمي ، فكانا يلتقيان في المكتبة ، أكانت في الحصن أم في البيت الغربي ، وقد كان وضع المكتبتين يسمح بالدخول من جهة المجالس ، ومن جهة المنزل الداخلي .

في ذات مرة ، من شهر يونيو عام ١٩٤٨م ، اجتمع والدي مع شقيقه الشيخ سلطان بن صقر في المكتبة بالبيت الغربي ، وفي المجلس التابع للمكتبة ، حيث تتصل المكتبة من ناحية بغرفة نوم الشيخ سلطان بن صقر القاسمي ، ومن الناحية الأخرى بمجلس المكتبة الذي يتصل بالمجلس العام .

بينما كان عمي الشيخ سلطان بن صقر القاسمي يتحدث مع شقيقه ، والدي ، دخلت إلى المكتبة ، فوجدت كتاباً مفتوحاً كان عمي يقرأ فيه ، حاولت أن أقرأ من الصفحة المفتوحة حيث كان عمي يقرأ .

وقتها كان عمري تسع سنوات ، وكنت أستطيع القراءة ، وفجأة دخل عمي الشيخ سلطان بن صقر القاسمي ، ليقول لي: هذا

الكتاب لا يقرأ الصغار مثلك ما فيه ، والدك سيخرج .

ما هي إلّا أشهر عديدة ، ومرض الشيخ سلطان بن صقر القاسمي ، ونقل إلى بومبي في الهند في شهر مايو عام ١٩٤٩م .

تقرر نقل الشيخ سلطان بن صقر القاسمي إلى لندن ، في الثامن من شهر فبراير عام ١٩٥١م ، لكن المنية وافته في الثالث والعشرين من شهر مارس عام ١٩٥١م .

استغرق نقل الجثمان من لندن إلى الشارقة مدة من الزمن ، حيث يتطلب الأمر إجراءات ومدة للسفر . اجتمع ابنا المرحوم الشيخ سلطان ابن صقر القاسمي ، وهما سالم وعبد الله ، وأخي عبد العزيز وبعض أصدقائهم ، في مجلس المكتبة في البيت الغربي ، يلعبون الورق .

١١

أما أنا فقد دخلت إلى المكتبة وأخذت أقرأ في الكتب ؛ كان عمري يومها اثنتي عشرة سنة ، وأول كتاب بدأت أقرأ فيه كتاب الحيوان للجاحظ ، وكان عمي الشيخ سلطان بن صقر القاسمي على حق عندما منعني من القراءة في ذلك الكتاب .

على مدى أسبوع كامل ، وأنا أنقل أسماء الكتب ومؤلفيها بعد أن أحضرت كراسة ومحبرة وقلم غط ، وقد استطعت أن أنقل جميع ما كان في تلك المكتبة .

معظم تلك الكتب تمّ شراؤها من مكتبة المؤيد بالبحرين . وقررت أن أؤسس مكتبة خاصة بي ، وأشتري كل تلك الأعداد من الكتب .

في الثاني من شهر إبريل عام ١٩٥١م ،

وصل جثمان الفقيد الشيخ سلطان بن صقر القاسمي ، ليوارى التراب في مقبرة الجبيل .

على مدى سنتين ، وأنا أحاول أن أجمع الكتب لتكوين مكتبتي ، ولكني لم أجد من يقرضني مبالغ أستطيع أن أسددها عن ذلك القرض . فأخذت أستعير الكتب ممن كانت لديه ، فمنهم عبد الواحد الخاجه ، الموظف ببلدية الشارقة والتي تقع على امتداد السوق ومنه إلى الجنوب ، حيث الدوائر الحكومية وهي : دائرة الجمارك والميناء ومديرها عبد الرحمن بن محمد المدفع ، ومبنى الإدارة العامة للشؤون المالية والإدارية ومديرها أحمد بن محمد المدفع ، وبلدية الشارقة ورئيسها الشيخ محمد بن سلطان بن صقر القاسمي ، ومجلس الوزير إبراهيم بن محمد المدفع .

كان مسكن عبد الواحد الخاجه في شرقي البلد ، والبلدية في غربها ، وكان يمر بمقهى سرباز التي كنت أجلس بها ، ومحمد بن صالح القرق الموظف في الوكالة البريطانية والذي كان يسكن في جزء من بيت السركال قبالة مقهى سرباز ، والذي كان يمر بها يومياً ذهاباً وإياباً إلى عمله ، وابن عمي الشيخ صقر بن حميد القاسمي ، وذات مرة وجدته جالساً على كرسي طويل أمام بيته ، وكان البيت على قارعة الطريق الآتي من المسجد والسوق ، وإذا به يقرأ كتاباً وعنوانه : " لا أنام " لإحسان عبد القدوس ، فطلبت منه أن يعيرني ذلك الكتاب ، فتعلل بأنه يقرأ فيه ، فقلت له : ليلة واحدة ، فوافق .

في اليوم التالي كان الشيخ صقر بن حميد القاسمي يجلس أمام بيتهم فسلمته الكتاب ،

فنظر إليّ مستغرباً كيف أني قرأت ذلك الكتاب الضخم وسألني :

كيف انتهيت من قراءة الكتاب ؟

فأجبته : الكتاب يقرأ من عنوانه .

كان ممن طلبت منهم قرضاً رجل يدعى أحمد بن إبراهيم الملا ، كان قد أقام في بداية عام ١٩٥٣م مقهى في مجلس بيت حسن بن عبد الرحمن المدفع ، المُطل على السوق وخور الشارقة .

طلبت من أحمد بن إبراهيم الملا قرضاً من المال .

قال أحمد الملا: كم تريد ؟

قلت : مئة روبية .

قال : اللهُ أكبر ! ! ! ، مئة روبية ! ! ! ، وأنا

أبيع كوب الشاي ، بآنة واحدة !!! ، (الروبية تساوي ١٦ آنة) .

قال أحمد الملا: ما الذي ستشتريه بهذا المبلغ ؟

قلت: كتب .

ثم عاد وقال : لا يوجد معي أيّ مبلغٍ من المال !!! ، لكن زوجتي عندها المال . انتظرني هنا في المقهى ، وسأذهب لأسألها .

كان أحمد الملا وزوجته وابنته يسكنون في منزلهم الملاصق لبيت حسن بن عبد الرحمن المدفع .

ما هي إلّا دقائق معدودة وإذا بأحمد الملا قد عاد ، يتمايل في مشيته .

بادرته قائلاً: بَشّر .

قال أحمد الملا : وافقت ، لكنها تطلب رهناً .

قلت : مثل ماذا ؟

قال أحمد الملا : ذهب .

سألت أحمد الملا : ما اسم زوجتك ؟

قال : اسمها نصرة بنت محمد .

كتبت اسمها على أوراق كانت في جيبي ، وأسرعت إلى بيتنا .

في شهر مايو عام ١٩٥٣م ، كنا نقيم في بيتنا بالشارقة في المبنى الصيفي منه ويقال له ″الدهريز″ وهي كلمة محرفة من كلمة ″دهليز″ ، وكانت ″الدهاريز″ مبنية قبالة الجهة الشمالية حيث تهب الرياح الصيفية .

كان هناك ″بارجيل″ ملاصقٌ للدهريز ،

١٧

وكلمة بارجيل باللهجة المحلية هي كلمة محرفة من كلمة فارسية "بادجير" ومعناها لاقط الهواء ، وكان يلقط الهواء من أربع جهات .

كثيرة تلك الكلمات ، والتي دخلت إلى اللهجة المحلية مثل:

السرير: ويقال له شبرية ، وهي محرفة من كلمة فارسية وهي "جهاربائي" : ذات الأربع أرجل .

شباك: ويقال له دريشة ، وهي محرفة من كلمة فارسية وهي "دريجه" : الباب الصغير .

الخدم في بيتنا كثيرون من رجال ونساء وصبية . ومن الصبية سعيد الضابط وسعيد الأسود ، وبرهوم صحن الأوتيل ، وقد سمّي

بذلك الاسم للتفرقة بينه وبين صبيّ آخر يدعى إبراهيم ، لم أكن أتذكره هو وآخر يدعى حَمّود ولد منينة ، حيث كبرا في السن ، وأصبحا رجالاً ، ولحقهما برهوم صحن الأوتيل .

جاء برهوم صحن الأوتيل إلى بيتنا في أحد أيام شهر مايو ظهراً ، ومن أحد شبابيك "الدهريز" ، وهي عديدة ، لدخول الهواء إلى داخل الدار ، أخذ برهوم صحن الأوتيل يحدث والدتي والتي قالت له : لا تروّح ، تغدى هنا اليوم .

في ظهر "الدهريز" ، كنت قد علقت خنجري الذهبي على وتد هناك ، حتى إذا ما جاء الليل لاحظت والدتي أن الخنجر لا وجود له على الوتد ، حينها سألتني والدتي قائلة : سلطان ، أين خنجرك ؟

قلت : عندي .

أعـادت والدتـي السـؤال : عنـدك ؟! أيـن عندك ؟!

قلت : محفوظ .

قالت : أبداً ... الخنجر سـرقه برهوم صحن الأوتيـل ، أنـا من الشـباك لمحت عينه مسـلطة علـى الخنجـر ... أكيـد أنـه هـو الـذي سـرق الخنجـر ... أقـول لـه : سـتتغدى ، ولما سـألت عنه ؛ قالوا : لم يتغدَ ... سأخبر محمد (والدي) بذلك ليضربه ... ويهدده بقطع يده .

أقسـمت لوالدتي يميناً أن الخنجر عندي .

فلـم تقتنـع والدتي ، بذلـك ، لكنها أخذت تردد في بالها : أين ذهب الخنجر ؟

خرجـت صباح اليوم التالـي من بيتنا حاملاً خنجـري الذهبـي ، والـذي أخفيته عـن والدتي

طوال الليل ، فقد لففته بغترة قديمة كانت لي ، فلو ألّحت والدتي أكثر ، لأخرجته لها ، لكنني كنت خائفاً من أن تأخذه مني وتضعه في صندوق لها ، وتقفل عليه .

في مقهى أحمد الملا ، سلمت لأحمد الملا الخنجر الذهبي ، والذي بدوره ، حمله إلى زوجته وعاد بالمبلغ في كيس قماش .

في ركن من المقهى الخالي من الزبائن ، أخذت أعدّ المبلغ ... روبية ... روبية ، وأجعل منها أكواماً من الروبيات ، كل عشر روبيات تمثل كومة من الروبيات ، حتى بلغت عشر كومات .

خرجت من مقهى أحمد الملا ، حاملاً كيس الروبيات ، وأخذت طريقي في السوق ، والذي

يتجه إلى الشمال ، لكن أهل الشارقة يقولون : ذاهبين إلى الشرق .

يبدأ سوق الشارقة من المسجد الجامع الكبير ، حيث سوق الخضار واللحم والسمك ، ومن ثمّ سوق الحدادين ، وقبالته سوق الصفّارين ، ثم سوق التمر حيث ندخل إلى سوق الشناصية ، والمحلات فيه عديدة حيث تباع هناك الحصر المصنوعة من السعف ، وكذلك الحبال بأنواع مختلفة والملح .

بعد سوق الشناصية ندخل في ساحة محاطة بالدكاكين يقال لها : عرصة الفحم ، حيث يباع الفحم ، وخلفه المناخ حيث تبقى الجمال بعد إنزال الفحم ، طوال اليوم ، ثم ترحل .

وصلت في طريقي إلى دروازة سوق صقر ،

ويقال لها: الدروازة الغربية ، والدروازة بالفارسية : الباب الكبير .

يمتد سوق صقر بمحلاته المتعددة الأغراض حتى الدروازة الشرقية ، حيث نخرج منها لنشاهد بيت السركال ، حيث كان بيت الوكالة البريطانية سابقاً ، وقبالته مبنى من دور أرضي كتب على بابه: البنك البريطاني ، حيث دخلت إليه ، وقمت بترتيب تحويل مبلغ مئة روبية لصاحب مكتبة المؤيد بالمنامة – البحرين .

الغرض: شراء كتب .

وأيّ كتب ؟

قلت للموظف: ما عليك إلاّ أن تحول المبلغ للمكتبة .

في مساء ذلك اليوم ، وبعد أن أخرجت

الأوراق التي سجلت عليها كتب عمي الشيخ سلطان بن صقر القاسمي من مكتبته في البيت الغربي ، أخذت أكتب رسالة لصاحب مكتبة المؤيد بالمنامة بالبحرين ، أخبره فيها بأني حولت لحساب المكتبة مبلغ مئة روبية مقدماً ، لشراء كتب حسب القائمة المرفقة مع الرسالة ، وإذا بقي شيء من المبلغ فإني سأرسل له قائمة أخرى بالكتب المطلوبة .

عنواني :

سلطان بن محمد القاسمي

الشارقة – ساحل عُمان

كانت قائمة الكتب :

١- كتاب نهج البلاغة .

٢- الشوقيات .

٣- الحسن البصري .

٤- عنترة بن شداد .

٥- ألف ليلة وليلة .

٦- جواهر الأدب في صناعة إنشاء العرب .

خرجت من بيتنا إلى محطة سيارات الأجرة ، حيث تصل السيارات القادمة من دبي ، ويصل أبو أحمد صاحب البريد ، فسلمته الرسالة وبعض النقود قيمة الطوابع البريدية التي سيلصقها على ظرف الرسالة .

بعد بضعة أيام وصلت إليّ رزمة الكتب التي طلبتها من مكتبة المؤيد بالبحرين عن طريق مطار الشارقة ، حيث أوصلها لي إبراهيم عسكر الموظف في مطار الشارقة ، وهو المسؤول عن البريد القادم إلى مطار الشارقة ، حيث كان ينقله

إلـى بريد دبـي ، لكنه عندما لاحظ اسـمي أوصل رزمة الكتب إلى بيتنا .

استلمت رزمـة الكتـب ، وحملهـا لي بعض الخـدم ، حيـث تـم وضعها في وسـط المخزن ، وهـو بنـاء كبيـر ننام كلنا هنـاك . المكان مظلم ، حيث لا يوجد أيّ منفذ للنور إلاّ من شباك واحد لذلـك المبنـى الكبيـر ، ولـه بـاب قبالـة مشـرق الشمس ، كل ذلك لإدخال الدفء لذلك المبنى .

كان الزمـان شـتاءً وفـي شـهر نوفمبـر عـام ١٩٥٣م ، قمت بفرش الكتب على أرضية المخزن وفي وسطه بالتحديد ، وبدأت أتصفح الكتب ، والنسـاء مـن الخـدم يشـتغلن فـي المخـزن ، بالتنظيف ، أو إخراج بعض الأشـياء أو وضعها هناك ، وأنا أصيح : " من هناك ... لا من هنا ... من هنا " .

قمت بوضع الكتب في الدريشة ، والدريشة هي طاقة في الجدار ، وأخذت أنزل الكتب كتاباً بعد كتاب تصفحته .

- كتاب الحسن البصري ، وإذا به سيرته وشخصيته وتعاليمه وآراؤه ، وإذا بها الأحكام الشرعية والوعظ والحديث . لماذا طلبت هذا الكتاب ؟ ، لأنه من مكتبة عمي الشيخ سلطان بن صقر القاسمي ، حاكم الشارقة ، ويحتاج لمعرفة الأحكام الشرعية .

- رواية عنترة بن شداد ، قرأت الكتاب بسرعة ، حيث أعجبتني تلك الرواية ، ولو أن بها خيالاً واسعاً .

- ألف ليلة وليلة ، قرأت ذلك الكتاب ، وإذا به الخيال كله ، فذلك لا يهم ، بقدر ما في ذلك الكتاب ، من تشبيه للعهر ، فأخذت

ألغـي أجـزاءً كثيرة من ذلك الكتاب ، لأنني قـررت أن أروي ذلـك ، وإذا بـي أنشـغل بروايـة تلـك الروايـات بين الطلبـة وبيـوت الجيران وفي بيتنا كذلك .

- الشـوقيات ، للشاعر أحمد شوقي ، أظن أن عمـي أحوج لذلـك الكتاب مني ، حيث إنه شاعر .

- جواهـر الأدب في صناعـة إنشـاء العرب ، كتـاب ، كنـت أقـرأ مـا فيـه في الأوقـات القصيرة ، وكل موضوع لا يتعدى بضع أوراق .

- لم يبقَ من الكتب إلّا كتاباً واحداً ، بعنوان : نهـج البلاغة ، المختار من كلام أمير المؤمنين علي ابن أبي طالب كرم الله وجهه ، لجامعه الشريف الرضي .

أخذت أفكر ، هل هذا الكتاب يستحق كل ذلك التعب والتضحية بالخنجر !!! ، أخذت أتشفى من ذلك الكتاب ، فكنت معظم الوقت أقرأ في ذلك الكتاب فحفظت معظمه .

تغير وضع بيتنا كثيراً ، فبعد أن كان مقر نائب حاكم الشارقة ، وبعد وفاة حاكم الشارقة ، أصبح بيتنا مقر حاكم الشارقة ، فكانت العزائم والولائم دائمة ، وكانت الأطباق تدخل بيتنا فارغة وتخرجِ مملوءة بالطعام ، والأصوات لا تهدأ إلاّ ليلا ، حتى تنازل والدي عن الحكم لابن أخيه الشيخ صقر بن سلطان القاسمي ، وزوج ابنته ، فهدأ البيت ، فلا تسمع صريخاً ، ولا تشم طبيخاً .

كان والدي يحضر مجلس ابن أخيه وهو الشيخ وحاكم الشارقة ، فإذا حضر شخص

يشتكي جلس أمام والدي ، فيقوم والدي ويوجهه إلى الشيخ صقر القاسمي ، قائلاً: هناك الحاكم ... ذلك الحاكم ، ومرات كان الشيخ صقر هو بنفسه ، يقول : أنا الحاكم تعال هنا .

وجدَ والدي في حضوره إلى مجلس الشيخ صقر إحراجاً له ، فتوقف عن الذهاب إلى مجلس الحاكم ، وجلس في مجلسه ، وإذا بالناس ، تدخل إلى مجلسه إما طالباً للمساعدة أو مشتكياً ، أو ضيفاً قادماً من خارج الشارقة .

قام والدي بإغلاق مجلسه ، لكن الناس تتجمع أمام بابه والذي هو ناحية المجلس ، تنتظر خروجه .

كان لبيتنا باب آخر ، هو الباب الذي يفتح على الساحة التي أمام الحصن ، فامتنع والدي أن يستخدم ذلك الباب ، وأخذ يخرج من باب المطبخ ، عندما يريد الخروج إلى بيت الشيخ سيف المدفع ، وهو قاضي البلد ، أو الذهاب إلى السوق حيث تجارته وعقاراته وأصحابه من التجار .

في الصباح أو المساء ، يقوم والدي بالتطيّب ، بالعطر والبخور ، ويخرج من باب المطبخ ، حيث يكون إلى يمينه رائحة الطبيخ ودخان الحطب ، وإلى يساره ، زريبة الأبقار وروائح روث البقر ، فإذا ما خرج من ذلك الباب ، وجد ساحة صغيرة مليئة بالحطب ، وحشائش الأبقار ، فيمر والدي من بينها . حول تلك الساحة بيوت من سعف النخيل ، فيخرج والدي من بينها إلى

الطريق العام المؤدي إلى بيت قاضي البلد وإلى الأسواق .

كان والدي كلما عاد من بيت الشيخ سيف المدفع ليلاً ، وجدني أقرأ في الكتب التي اشتريتها ويقول لي : اقرأ لي من الكتاب الذي قرأت لي منه بالأمس ، وكان يقصد كتاب نهج البلاغة ، فقلت له : لماذا لا تأخذ الكتاب وتقرأ بنفسك منه ؟

قال والدي: تعجبني الطريقة التي تقرأ بها .

في ذات ليلة ، حضر والدي فوجدني مكباً على كتاب ، كان ذلك نهج البلاغة ، فجلس إلى جواري ، فأخذت أقرأ له من ذلك الكتاب مواضيع تشرح النفس ، فانشرح صدره وقال : من أين لك ذلك الكتاب العجيب ؟!

قلت: لقد اشتريته ومجموعة من الكتب من البحرين .

قال والدي: كم دفعت ثمناً لتلك الكتب .

قلت: مئة روبية .

قال والدي: ومن أين لك ذلك المال ؟!

قلت: رهنت خنجري الذهبي بمئة روبية .

قالت والدتي والتي كانت متمددة على الأرض إلى جانبي: حسبي الله على إبليسك ، كنا ظلمنا برهوم صحن الأوتيل .

قال والدي : ما موضوع برهوم صحن الأوتيل ؟

فأخبرته والدتي عمّا جرى يوم اختفاء الخنجر الذهبي .

أخذني والدي إلى خزانة حديدية في خُصْمٍ المخزن ، وأخرج منها مئة روبية ، وقال : غداً تذهب وتفك الرهن وتحضر خنجرك ، ثم أضاف : وسلطان ، لا يريد شيئاً ؟! فضحكت ، فأعطاني عشر روبيات .

في صباح اليوم التالي ذهبت إلى مقهى أحمد إبراهيم الملا ، ودفعت له مئة روبية ، واسترجعت خنجري الذهبي من عند زوجته نصرة بنت محمد .

جاء والدي ، ذات يومٍ ضحى إلى المخزن وهو مقر إقامتنا ، فسلم ، فردت والدتي عليه السلام وامرأة كانت جالسة قربها .

قالت والدتي : محمد ... هذه آمنة بنت بدر ... أختكم من الرضاعة ، مرضوعة مع أخيك الشيخ سلطان ، الله يرحمه .

قال والدي: أعرفها ، أخبرني بذلك المرحوم .

كانت عينا والدي تجول في أنحاء المخزن ، تبحث عن سلطان ، ثم قال: " مريم ... أين سلطان ؟! ، المخزن مظلم ، ليس به سفر " .

قالت والدتي : هناك في خُصْمِ المخزن ... مثل الكوز وعلى وجهه كتاب .

ناداني والدي وأخذني معه ، وهو يقول : كفاك جلوساً بين الحريم .

أخذني والدي إلى مجلسه الخاص وهو مكوّن من حُجرة جميلة وملحق بها بارجيل (لاقط الهواء) ، وأمامها حوش ، له بابان ، واحد إلى مخرج البيت ، وآخر إلى داخل البيت ، وحمام ، وفي وسط ذلك الحوش شجرة كبيرة ، وارفة الظل ، يقال لها : شجرة

الشريش ، ذات الأزهار البيضاء العطرة ، وهناك دكة للجلوس تحت تلك الشجرة .

أدخلني والدي إلى مجلسه الخاص وهو يقول : " هذا بيتك يا سلطان " .

فلم أصدق ما شاهدته ، فقد تحول ذلك المجلس إلى حجرة نوم ، بها سرير ، ومرافق أخرى .

شكرت والدي على ذلك ، فقال : عندما أريد أن أقرأ كتبك سآتي إلى هذا المكان ، عندما تكون أنت في المدرسة .

فقلت : إن ذلك يسعدني .

قال والدي : لكن الكتب قليلة ، اطلب كتباً كثيرة ، وأنا سأدفع لك كل ما تحتاجه من مال .

ثـم سـأل والـدي قـائلاً : كيف تعرف أسـماء الكتب ؟

رويـت لـه ما قمت به عند وفاة عمي الشـيخ سـلطان ، وكان إخوانـي وأبنـاء عمـي ، ينتظـرون وصـول الجثمـان مـن لنـدن فـي مجلـس المكتبـة يلعبـون الـورق لمـدة أسـبوع كامـل ، أمـا أنا فقد كنت في المكتبة أنقل عناوين كتب عمي الشـيخ سلطان ، وهي معي سأحضرها .

هرولـت إلى المخزن وأخرجـت الأوراق التي بهـا أسـماء الكتب ، وحضـرت إلى مجلس أبي الخاص ، أي بيتي ، فوجدت والدي غارقاً في البـكاء ، فضمنـي إلـى صـدره وأخـذ يقبلنـي ، ويقول : تذكرت عمك ، الله يرحمه .

أخذ والدي يدفع لي المبالغ الطائلة ، وأجلب أنـا بـدوري الكتـب من مكتبة المؤيـد بالبحرين ،

ووالـدي يقـرأ ويحفظ ، حتى إذا جاء يوم كنا في مجلـس الشيـخ سـيف المدفـع حيـث الفقهـاء والعلماء ، فقد كان والدي سـابقاً مسـتمعاً فقط ، أمـا اليوم فقد أصبح يشـارك فـي الحديث ، وإذا به ينبري قائلاً :

العلم يرفع بيتاً لا عماد له

والجـهل يـهدم بيت العزّ والشرفِ

فـي شـهر نوفمبـر عـام ١٩٥٤م ، مررنـا بالبحريـن ونحـن في طريقنا إلـى الحج ، وفي البحريـن خرجـت مـن الفنـدق وأنـا أسـأل عن مكتبـة "المؤيـد" حتى دلوني عليهـا ، فدخلتها فوجدتهـا مليئـة بالكتـب التـي رُصّـت علـى الأرفف من الأرض حتى سقف المكتبة . انشغل نظري بالكتب عن الجالس على كرسـي وأمامه

طاولة ، والذي نبهني قائلاً : "ماذا تريد يا ولد؟" .

التفت إليه وإذا به رجل كبير في السن ، حيّيته وسألت : "أأنت المؤيد؟" .

قال : "نعم، وماذا تريد؟" .

قلت : "أنا صديقك سلطان القاسمي، من الشارقة" .

قال : "أنت سلطان؟! الذي يراسلني من الشارقة؟!" .

قلت : "نعم" .

قال : "وماذا تفعل بالكتب التي تشتريها ، والأخرى التي أهديها لك؟" .

قلت : "أقرؤها" .

ورويت للمؤيد حكايتي مع الكتب .

هنـا سـأل المؤيد: "مـا قرابة المرحوم الشـيخ سلطان بن صقر بك؟" .

قلت: "عمي" .

فهز رأسه وكأنه يقول: "لا غرابة!" .